Marion Döbert

Honig im Kopf

Roman in Einfacher Sprache

nach dem Drehbuch von Hilly Martinek und Til Schweiger

Spaß am Lesen Verlag
www.einfachebuecher.de

Diese Ausgabe in Einfacher Sprache ist auf der Grundlage des Drehbuchs *Honig im Kopf* von Hilly Martinek und Til Schweiger entstanden.

Autoren des Drehbuchs: Hilly Martinek und Til Schweiger
Text in Einfacher Sprache: Marion Döbert

ISBN 978-3-910531-06-2

Marion Döbert

Honig im Kopf

Roman in Einfacher Sprache
nach dem Drehbuch von
Hilly Martinek und Til Schweiger

Schwierige Wörter oder Ausdrücke sind unterstrichen. Die Erklärungen stehen in der Wörterliste am Ende des Buches.

Inhalt

Großvater Amandus

Mein Opa heißt Amandus.
Ich habe ihn wahnsinnig gern.
Denn Opa ist lustig,
und er erzählt immer tolle Geschichten.
Am liebsten erzählt er Geschichten von seiner Frau,
von meiner lieben Oma Margarethe.
Dann bekommt Opa immer total glückliche Augen.
Und ich kuschel mich gemütlich an ihn
und höre ihm zu.

Wir beide sind zwar traurig, dass Oma schon tot ist.
Aber wenn Opa von ihr erzählt,
ist sie in Gedanken wieder bei uns.

In Opas Geschichten wird alles wieder lebendig:
Wie er Oma Margarethe kennengelernt hat.
Wie er sich in sie verliebt hat.
Und wie er ihr schließlich in Venedig
einen Heiratsantrag gemacht hat.
Das ist seine Lieblingsgeschichte.
Das wird Opa nie in seinem Leben vergessen.

Oder vielleicht doch?
Wird Opa vielleicht eines Tages auch
diese Geschichte nicht mehr kennen?
Wird eines Tages alles leer sein in seinem Kopf?

Und wenn ich dann vor ihm stehe und sage:
„Ich bin Tilda. Deine Enkelin."
Wird er dann durch mich hindurchsehen?
Irgendwohin, wo niemand von uns ist?
Irgendwohin, wo wir ihn nicht mehr finden können?

Ich mache mir Sorgen um Opa.
Denn Mama hat nach der Trauerfeier für Oma
zu Papa gesagt:
„Was war denn mit deinem Vater los, Niko?
Der hat ja alles durcheinandergebracht."
Ich finde nicht, dass Opa bei der Trauerfeier
anders war als sonst.

Ich kann mich noch genau an den Tag erinnern.
Wenn ich die Augen schließe, sehe ich alles vor mir.
So, als ob es gerade erst passiert:

Vorne in der Kirche hängt ein großes Foto von Oma.
Der Pfarrer sagt:
„Amandus Rosenbach wird nun ein paar Worte
über seine Frau sprechen."

Opa geht nach vorne und beginnt zu reden:
„Nun ist also meine liebe Margarethe gestorben.
Ich weiß nicht, wie ich ohne sie weiterleben soll.
Sie wird mir sehr fehlen.
Sie war eine so liebe Frau.

So herzenswarm.
Und dabei denke ich nicht nur an ihren großen Busen.
Den kennen Sie ja alle."

Die Leute in der Kirche sehen sich überrascht an.
Sie tuscheln.
Einige sind peinlich berührt.

Opa redet weiter:
„Margarethes Apfelkuchen war einfach köstlich.
Bis zuletzt habe ich ihn immer gern gegessen.
Obwohl, es gab eigentlich viel zu oft Apfelkuchen.
Viel lieber hätte ich auch mal
Pflaumenkuchen gegessen.
Oder Aprikosentorte. Oder Marzipantorte."

Opa leckt sich bei dem Gedanken daran
über die Lippen.
Dann spricht er weiter:
„Die beste Marzipantorte gibt es übrigens
in dem Laden ...
Na, wie heißt der denn noch?
Leck mich am Arsch, das fällt mir jetzt nicht ein.
Der Laden, der ist doch da,
wo sie das Haus abgerissen haben."
Opa sucht immer noch nach dem Namen
der Konditorei.
Aber er kann sich nicht erinnern.

„Na, egal“, sagt er.
„Jedenfalls wird mir meine Elisabeth sehr fehlen.“

Meine Mutter sieht erschrocken zu meinem Vater:
„Elisabeth? Seine Frau hieß doch Margarethe.“
Mein Vater flüstert zurück:
„Elisabeth hieß seine Mutter.“

Mein Opa steht immer noch vorne am Altar.
Er spricht jetzt in Richtung zu meinem Vater:
„Ich wünsche dir, Niko, dass du eines Tages
eine so tolle Frau findest, wie meine es war.“

Meine Eltern sehen sich erstaunt an.
Sie sind doch schon lange miteinander verheiratet.
Und ich bin schließlich auch schon elf Jahre alt.

An diesem Tag wundern sich
meine Eltern sehr über Opa.
Auch die Leute in der Kirche wundern sich.

Ich finde Opa immer toll.
Ist doch nicht schlimm, wenn man sich mal verspricht.
Oder wenn man mal was vergisst.
Trotzdem mache ich mir Sorgen,
denn Mama hat irgendwas von *Krankheit* gesagt.
Aber Papa hat nur mit dem Kopf geschüttelt.

Chaos

„Komm, Tilda!", ruft mein Vater eines Tages.
„Wir müssen zu Opa.
Er hat angerufen.
Er findet den Weg zum Friedhof nicht mehr."

Ich bin mit Opa oft zum Friedhof gegangen.
Bisher hat er den Weg immer
ohne Probleme gefunden.
Ich bin überhaupt oft mit Opa zusammen,
denn meine Eltern haben nie richtig Zeit für mich.
Immer haben sie Termine wegen der Arbeit.

Papa muss oft ins Ausland.
Und Mama hat immer irgendeinen Pitch.
Dann muss sie ihren Werbekunden
ihre Ideen vorstellen.
Kurz vor solch einem Termin ist sie immer
mit den Nerven am Ende.

Außerdem streiten sich meine Eltern ständig.
Papa hat auf einer Dienstreise
was mit einer anderen Frau angefangen.
Sie hatten zusammen Sex.
Mama war so sauer deswegen, dass sie sofort
mit ihrem Chef Serge ins Bett gegangen ist.
Deswegen war wiederum Papa total sauer.

Mich nervt es,
wenn die beiden so viel streiten.

Deshalb bin ich gerne mit Opa zusammen.
Der hat immer Zeit für mich.
Er nennt mich seine *Principessa.*
Das ist Italienisch und heißt Prinzessin.
Opa hat mich ganz doll lieb.
Und alles ist viel friedlicher bei ihm
als bei uns zu Hause.
Aber an diesem einen Tag ist plötzlich alles anders.
An dem Tag, als Opa den Weg zum Friedhof
nicht mehr findet.

An diesem Tag fährt Papa mit mir zu Opas Haus.
Wir klingeln und klopfen an der Tür.
Aber Opa ist nicht da.
Vielleicht ist er immer noch auf der Suche
nach dem Friedhof?

Plötzlich klingelt Papas Handy.
Ich höre meine Mutter am anderen Ende rufen:
„Jetzt halt dich aber mal fest, Niko!
Das glaubst du nie im Leben."
Mein Vater ist ungeduldig.
„Sag endlich, was los ist, Sarah!"
„Amandus ist auf der Polizeiwache",
sagt meine Mutter.

„Bei der Polizei?“, fragt mein Vater überrascht.
„Ja. Er hat eine Vermisstenanzeige aufgegeben.“
„Für wen denn?“, fragt mein Vater.
„Für deine Mutter, für Margarethe“,
sagt meine Mama am anderen Ende des Telefons.

Papa fährt mit mir sofort zur Polizeiwache.
Aber auch da ist Opa nicht.
„Wir haben ihn zu sich nach Hause gebracht“,
sagt der Polizist.
Papa ist richtig sauer.
„Wir wollten ihn doch abholen“, sagt er.
„Wir sind extra deswegen hierhergekommen.“

Der Polizist grinst von einem Ohr zum anderen.
„Ihr Vater wollte unbedingt
einmal in einem Polizeiauto mitfahren.
Da haben wir ihm den Gefallen getan.“

Ich kann Opa gut verstehen.
Das hätte ich auch so gemacht.

Uns bleibt nichts anderes übrig,
als wieder zu Opas Haus zurückzufahren.
Wir müssen nachschauen,
ob mit ihm alles in Ordnung ist.
Aber in Opas Haus ist nichts in Ordnung.
In Opas Haus herrscht Chaos.

Opa lacht, als wir reinkommen.
Er nimmt mich in die Arme und ruft freudig:
„Ah, meine Principessa!“
Als er Papa sieht, sagt Opa:
„Den da kenne ich auch irgendwoher.“
Ich lache.
Opa macht immer tolle Witze.
Aber Papa lacht nicht.
Er sieht Opa nur sehr ernst an.

Dann sieht sich Papa im Wohnzimmer um.
Er versteht die Welt nicht mehr.
Was ist denn hier los?
Überall liegen Sachen herum,
auf den Möbeln, in den Sesseln, auf dem Fußboden.
Überall liegen Wäsche, leere Tüten, Kartons, Socken.
Es ist ein einziges Durcheinander.
Das Bücherregal ist vollgepackt mit Brot
und Marmelade, mit Leberwurst und Joghurt.

„Opa?“, frage ich.
„Warum hast du deine Lebensmittel
im Bücherregal?“

Opa überlegt kurz und sagt:
„Weil in der Spülmaschine kein Platz mehr war.“
Ich lache.
Opa ist einfach total witzig.

Aber Papa findet das überhaupt nicht lustig.
Er sieht sich in dem Chaos um.
„Wo ist denn die Putzfrau geblieben?“, fragt er Opa.
„Die habe ich entlassen“, antwortet Opa.
„Die hat geklaut.“
Papa sieht ihn an.
„Was hat sie denn geklaut?“
„Den ganzen Schmuck“, sagt Opa.
„Welchen Schmuck?“, fragt Papa.
„Na, den von deiner Schwester.“
Papa sieht Opa jetzt noch ernster an.
„Ich habe doch gar keine Schwester“,
sagt Papa leise.

Papa geht zu der offenen Küchentür.
„Meine Güte!“, ruft er.
„Wie sieht das denn hier aus?
Und was machen die ganzen Bücher
im Kühlschrank?
Alles ist voll Müll.
Überall Essensreste.
Berge von Abwasch.
Das darf doch nicht wahr sein!
So kann das nicht weitergehen!
Auf keinen Fall kann das so weitergehen!“

Umzug

Papa steht noch immer fassungslos in der Küche.
„Schau mal hier“, sagt Opa zu mir
und zieht etwas aus seiner Tasche.
Ich traue meinen Augen nicht:
Opa hat eine Pistole in der Hand!
Die hat er wohl mitgehen lassen.
Wahrscheinlich aus dem Polizeiauto.
„Aber die ist natürlich nicht echt“, lache ich.
„Von wegen“, sagt Opa. „Das wirst du gleich sehen.“

Er zielt mit der Pistole auf ein Bild an der Wand.
Er entriegelt die Sicherung.
Und er schießt.
Ein furchtbarer Knall!
Das Bild fällt von der Wand.
Der nächste Schuss!
Richtung Küche, dahin, wo Papa steht.
Papa springt in Deckung.
Opa trifft ein Glas.
Dann die Teller.
Die Lampen.
Als Opa sich kurz umdreht, stürzt Papa auf ihn zu.
Er reißt ihm die Waffe aus der Hand.
„Woher hast du die denn?“, fragt er entsetzt.
Opa grinst und sagt:
„Jedenfalls nicht aus dem Supermarkt.“

Papa ist völlig fertig.
So kann das mit Amandus nicht weitergehen.
„Willst du nicht zu uns ziehen?“,
fragt Papa sehr vorsichtig.
Opa denkt eine Weile nach.
„Na gut“, sagt er.
„Wenn ihr mich braucht.
Aber ich will ein paar von meinen Mö …,
Mö …, Mö … mitnehmen.“
Opa sieht sich im Zimmer um
und sucht nach dem Wort.
„Ich will ein paar von meinen Mö …,
Möwen mitnehmen.“
Ich lache und freue mich riesig,
dass Opa bei uns einziehen wird.
Endlich wird es bei uns zu Hause mal lustig.

Ein paar Tage später sitzen wir alle zusammen
bei uns am Tisch.
Papa, Mama, meine Freundin Maja, Opa und ich.
Wir spielen *Mensch ärgere dich nicht*.
Opa wirft die Regeln durcheinander.
Er denkt, wir spielen Schach.
„Lasst uns doch einfach nach Opas Regeln spielen“,
schlage ich vor.
„Wer ist dafür?“, frage ich.
Alle heben die Hand.
Nur Mama ist dagegen.

Plötzlich springt Opa auf.
Ein großer Lkw ist draußen vorgefahren.
„Da kommen meine Möbel!“, ruft Opa aufgeregt.
Sofort läuft er nach draußen.

Opa winkt dem Fahrer zu,
damit der leichter einparken kann.
„Weiter, weiter!“, ruft Opa
und winkt hinter dem Lkw.
„Noch ein Stück! Weiter! Weiter!“
Da knallt und scheppert es!
Der Lkw drückt den Wagen meiner Mutter ein.
Glas splittert.
Plastikteile fallen auf die Straße.

Entsetzt stehen meine Eltern am Fenster.
„Er sollte doch nur seine persönlichen Sachen
mitbringen“, sagt meine Mutter vorwurfsvoll.
„Jetzt kommt er mit seinen ganzen Möbeln hierher.
Und dann demoliert er auch noch mein Auto.“
Mein Vater schluckt.
„Die Sachen sind ihm eben sehr wichtig“, sagt er.

Opa gibt den Arbeitern draußen Anweisungen:
„Den Kühlschrank bitte ins Wohnzimmer!“,
ruft er ihnen zu.
Meine Mutter rennt raus.
„Nein!“, schreit sie.

Mein Vater läuft hinter ihr her:
„Aber der Kühlschrank ist sein Bücherschrank",
ruft er.
Meine Mutter dreht sich um.
Ihr Gesicht ist rot vor Zorn.
„Die Möbel kommen entweder in den Schuppen.
Oder sie kommen gar nicht hierher!"

Am späten Nachmittag sitzt Opa
zwischen seinen Möbeln.
Alles ist in dem engen Schuppen zusammengestellt.
Der Mann von dem Umzugsunternehmen will noch
auf Wiedersehen sagen.
Etwas traurig sagt er zu Opa:
„Alles Gute für Sie!"

Opa tut ihm leid.
Und mir tut Opa auch leid.
Wie er da so allein in seinem großen Sessel sitzt,
zwischen all seinen Möbeln.
In seinen Händen hält er ein Foto von Oma.
Darauf ist sie noch eine ganz junge Frau.
„Ach, meine geliebte Margarethe", sagt Opa.
Ganz fest drückt er das Foto an sich.

Krach ohne Ende

Eines Morgens sitzen wir am Frühstückstisch.
Opa schaut auf das Foto an der Wand hinter Mama.
Auf dem Foto ist Mama zu sehen.

Aber Opa sieht auf dem Foto nur
irgendeine schöne Frau.
Die Frau scheint ihm zu gefallen,
denn er pfeift zu dem Foto rüber.
Er zwitschert wie ein Kanarienvogel,
der um ein Weibchen wirbt.
Unentwegt pfeift und zwitschert Opa.
Oder er schickt Luftküsschen zu dem Foto.

Mein Vater und ich grinsen.
Meine Mutter ist genervt.
„Amandus, könntest du bitte damit aufhören?",
fragt sie streng.

Beleidigt sieht Opa auf sein Butterbrot.
„Nichts darf man hier", sagt er.
Er klatscht eine Scheibe Schinken auf sein Brot.
„Langweilig ist das hier."

Ich will Opa aufmuntern und sage:
„Erzähl uns doch mal die Geschichte,
wie du Oma kennengelernt hast."

„Bloß nicht“, zischt meine Mutter leise.
Aber Opa hat es gehört.
Er sieht meine Mutter ganz ruhig an und sagt:
„Dann erzähl du uns doch mal *deine* Geschichte.
Wie hast du noch mal deinen Chef kennengelernt?
Diesen Serge, mit dem du im Bett warst?“

Mein Vater schweigt.
Meine Mutter ist fassungslos.

Abends im Bett fragt Sarah:
„Niko, woher weiß Amandus das
mit meinem Chef und mir?“
Niko gesteht ihr:
„Ich habe es ihm erzählt.“
Sarah schweigt.
Sie ärgert sich nicht darüber.
Sie hat andere Sorgen.
Und es fällt ihr schwer, mit Niko darüber zu reden.

Plötzlich sagt sie aber doch:
„Amandus ist viel kränker als du glaubst, Niko.“
Aber davon will er nichts hören.
„Meinem Vater geht es gut“, sagt Niko.
„Und das ist die Hauptsache.“

Jeden Tag gibt es neue Vorfälle.
Und fast jeden Tag gibt es Krach wegen Opa.

Am liebsten sitzt Opa vor dem Fernseher.
Vor allem, wenn dort hübsche Frauen zu sehen sind.
Dann zwitschert und pfeift er ihnen zu
wie dem Foto von Mama.

Mama möchte nicht,
dass Opa immer nur vor der Glotze sitzt.
Er soll sich nützlich machen,
im Haushalt oder im Garten.
„Amandus!“, ruft Mama.
„Kannst du mal bitte die Hecke schneiden?
Nur ein Schnitt zum Verschönern“, sagt sie.
„So ungefähr zehn Zentimeter, mehr nicht.“
Opa nickt.
Er freut sich, endlich eine Aufgabe zu haben.
Ein paar Minuten später schnappt er sich
die elektrische Heckenschere.
Meine Freundin Maja und ich machen
in der Zwischenzeit Hausaufgaben.

Am Nachmittag kommt Mama
von der Arbeit zurück.
Sie arbeitet in einer großen Werbefirma.
Nur mit schicken Leuten hat sie da zu tun.
Immer geht es um dieselben Themen:
Geld, Schönheit und Erfolg.
Jeder hat ein eigenes Haus
mit großem Garten und Pool.

Und ständig gibt es Gartenpartys.
Jeder lädt jeden ein.
Jeder will damit angeben,
wie toll es bei ihm zu Hause aussieht.
Meine Mutter ist als Nächste damit dran.
Deshalb soll auch die Hecke
noch schöner geschnitten werden.

Als Mama mit dem Wagen vorfährt,
reißt sie die Augen auf.
Sie starrt auf die Hecke.
Besser gesagt auf das,
was davon übrig geblieben ist.

Aus dem Boden ragen nackte Holzstämme hervor.
Keine Zweige, keine grünen Blätter mehr.
Nur noch kurze, kahle Stämmchen
gucken aus der Erde.
Mama bekommt einen Schreikrampf.

„Was hast du nur gemacht, Amandus?!“,
kreischt sie aus dem Auto heraus.
„Zehn Zentimeter hatte ich gesagt. Mehr nicht.
Und du hast alles abgeschnitten!“

„Ich habe doch nur gemacht, was du gesagt hast“,
verteidigt sich Opa.
Er misst die Stämmchen mit dem Zollstock nach.

„Es sind exakt zehn Zentimeter“,
sagt er zu meiner Mutter.
„So, wie du es gesagt hast.“

Beim Abendessen ist dicke Luft.
Opa ist noch nicht am Tisch.
Mama macht Papa Vorwürfe.
„Die ganze Hecke hat er kaputt gemacht.
Wie das jetzt aussieht!
Was sollen die Leute nur denken?
Bald ist das Gartenfest.
Und jetzt?
Jetzt sehen sie keine dichte, üppige Hecke.
Jetzt sehen sie nur die spießigen Gartenzwerge
vom Nachbarn.“
Mama ist den Tränen nahe.

„Ich besorge uns eine neue Hecke“, sagt Papa.
„Ich fahre morgen in die Gärtnerei.“
Aber Mama kann sich überhaupt nicht beruhigen.
Papa und ich schweigen.

Plötzlich kommt Opa rein.
Im Arm hat er einen riesigen Strauß
aus weißen Rosen.
Er hatte nämlich aus Versehen zuerst
die Rosen abgeschnitten.
Weil er dachte, die wären die Hecke.

Erst dann hatte er die richtige Hecke gesehen.
Mama hat das mit den Rosen
noch gar nicht bemerkt.
Zum Glück.
Sonst wäre sie bestimmt in Ohnmacht gefallen.

Opa ist ganz verlegen.
„Ich möchte mich bei dir entschuldigen,
liebe Sandra."
„Sarah!", zische ich Opa zu. „Mama heißt Sarah."
„Äh, also bei dir, liebe Sarah, möchte ich mich
ganz herzlich entschuldigen.
Wegen der Hecke.
Weil ich das nicht richtig gemacht habe."
Mit einem strahlenden Lächeln streckt Opa
meiner Mutter die Blumen entgegen.

Meine Mutter wird kreidebleich.
„Woher hast du die Rosen?", fragt sie.
Aber sie ahnt schon die Antwort.
„Aus dem Garten", sagt Opa lachend.
Meine Mutter springt vom Stuhl auf.
Der Abend ist nicht mehr zu retten.

Feuer!

„Ich muss morgen dienstlich nach London“,
sagt mein Vater zu meiner Mutter.
„Ich muss morgen auch arbeiten“,
sagt sie ganz aufgeregt.
„Ich habe einen total wichtigen Pitch.
Du hattest doch versprochen,
Tilda zum Kinderarzt bringen!
Morgen nach der Schule hat sie den Termin.
Und wer holt sie jetzt ab und bringt sie zum Arzt?“

Mein Vater sieht meine Mutter an.
„Ich habe mit Amandus gesprochen.
Er wird Tilda morgen von der Schule abholen
und zum Arzt bringen.“

„Amandus?“, schreit meine Mutter.
„Dein Vater hat wahrscheinlich Alzheimer.
Er will sich nicht von einem Arzt
untersuchen lassen.
Er weiß überhaupt nicht, was er alles anstellt.
Und der soll unser Kind von der Schule abholen
und zum Arzt bringen?“

Mein Vater nickt.
„Amandus wird das hinkriegen.
Ich habe ihm alles aufgeschrieben.“

Meine Mutter sieht ihn ungläubig an.
Aber es gibt keine andere Lösung.

Kurz vor dem Schlafengehen schaue ich
bei Opa vorbei.
Im Arm habe ich mein großes Kuscheltier.
Opa lacht und zeigt auf das Stofftier.
„Wie heißt du denn? Du bist ja nett."
„Das ist Bertha", sage ich.
„Hallo Beate", sagt Opa zu dem Kuscheltier.
Mit meiner Hand bewege ich das Maul von Bertha
und frage:
„Holst du mich auch ganz bestimmt morgen
von der Schule ab, Opa?
Und bringst du mich auch ganz bestimmt
danach zum Kinderarzt?"
Opa nickt und sagt:
„Das vergesse ich auf keinen Fall."

Am nächsten Tag nach der Schule
warte ich vergeblich.
Opa kommt nicht.
Ich warte und warte.

Da ruft Papa aus London an.
Ich lüge.
Ich sage, dass wir schon beim Kinderarzt sitzen,
Opa und ich.

Papa glaubt es nicht wirklich.
„Wir sind jetzt dran",
sage ich deshalb ganz schnell und lege auf.
Dann renne ich alleine los zum Kinderarzt.

In der Praxis wundern sich alle,
dass ich alleine komme.
Aber ich bin ja nicht dumm.
Ich habe immer gute Ausreden.
Dr. Ehlers ist sowieso immer nett zu mir.
Deshalb vertraue ich ihm.
Und ich erzähle ihm von Opa.
„Mama glaubt, dass Opa *Alzheimer* hat", sage ich.
Das hat sie zu Papa gesagt.
„Was ist das, Dr. Ehlers?", frage ich.
„Was ist Alzheimer?"

Dr. Ehlers erklärt mir:
„Alzheimer ist eine schwere Krankheit.
Eine Krankheit des Vergessens.
Im Kopf von deinem Opa ist es
wie in einem Bücherregal.
In den Büchern steht ja ganz viel Wissen.
Manchmal aber fällt ein Buch um.
In dem Moment vergisst dein Opa,
was in dem Buch steht.
Am Anfang der Krankheit vergisst er vor allem das,
was er gerade erst gemacht hat.

Wenn sich dein Opa die Zähne geputzt hat,
weiß er das nach fünf Minuten schon nicht mehr.
Und es kann sein,
dass er sich dann noch einmal die Zähne putzt.
Und noch einmal.
Und dann hat er es doch wieder vergessen.
Dafür kann dein Opa sich an vieles sehr gut erinnern,
was schon ganz viele Jahre zurückliegt."

„Ja", sage ich. „Opa weiß alles, was er mit Oma
vor vielen Jahren in Venedig erlebt hat."

Dr. Ehlers sieht mich ernst und ein wenig traurig an.
„Manchmal fallen auch sehr viele Bücher um",
sagt er.
„Und wenn alle umgefallen sind,
dann verliert dein Opa auch diese Erinnerungen."

Ich frage ängstlich:
„Geht das so, bis mein Opa gar nichts mehr weiß?"
Dr. Ehlers schweigt.
„Ja", sagt er dann.
„Bis dein Opa gar nichts mehr weiß."

Er streicht mir über den Kopf.
„Du kannst deinem Opa aber helfen, Tilda.
Damit er nicht zu schnell vergisst.
Und damit dein Opa glücklich bleibt.

Er braucht ganz viel Liebe und Verständnis.
Und er braucht Aufgaben.
Das ist ganz wichtig.
Auch alte Menschen müssen ein Ziel haben.
Auch sie wollen etwas bewirken.
Und sie brauchen unbedingt das Gefühl,
dass sie für etwas gut sind und gebraucht werden.
Nichts ist schlimmer für einen alten Menschen,
als tatenlos irgendwo herumsitzen zu müssen.
Dann verkümmert er und wird immer trauriger.
Dein Opa muss also etwas unternehmen,
etwas Sinnvolles tun.
Etwas tun, was ihm Spaß macht.
Dafür musst du sorgen, Tilda."

Als ich nach Hause zurückkomme,
stinkt es nach Verbranntem.
Mama ist furchtbar aufgebracht.
Opa wollte einen Kuchen backen, für Oma.
Das Foto von Oma hatte er schon
auf den Esstisch gestellt.

Gerade als Amandus für Margarethe
ein Stück Kuchen auf den Teller legen will,
da merkt er es:
Der Kuchen ist noch im Ofen.
Er geht in die Küche.
Aus dem Ofen steigt Rauch.

Als Amandus den Ofen aufmacht,
sieht er Sarahs Stöckelschuhe
neben dem Kuchen schmoren.
„Wie kommen denn die Schuhe in den Ofen?",
fragt er sich.
Als die ersten Flammen aus dem Ofen schlagen,
steht Sarah plötzlich in der Tür.

Erst steht sie wie angewurzelt in der Küche.
Dann schlägt sie sofort mit Tüchern
nach den Flammen.
Sie versucht, das Feuer zu ersticken.
Sie rennt raus.
Sie holt den Feuerlöscher.
Sie schreit, um sich selbst Mut zu machen.
Sie drückt auf den Hebel.
Schaum spritzt mit Wucht aus dem Feuerlöscher.
Gläser zerbrechen.
Geschirr stürzt auf den Boden.
Überall ist Schaum.
Wie wild macht Sarah weiter.
Bis das Feuer erstickt ist.
Bis sie erschöpft Amandus in der Tür stehen sieht.

Er weint. Er weint bitterlich.
„Es tut mir so leid", sagt er.
Und Sarah fühlt nur eins:
Mitleid mit Amandus.

Zärtlich nimmt sie ihn in den Arm.
„Es wird alles wieder gut“,
versucht sie, ihn zu trösten.
„Kann man denn den Kuchen noch essen?“,
fragt Amandus leise.
„Ganz bestimmt“, sagt Sarah.
„Willst du ein Stück?“, fragt er
und schaut auf die verkohlte Kuchenform.
Sarah nickt.
„Ja, gerne.“
Er kann doch nichts dafür, denkt sie.

Es wird der Tag kommen ...

„Was ist denn hier passiert?“,
fragt Niko nach seiner Rückkehr aus London.
„Nichts“, sagt Sarah.
Sie ist erschöpft vom Putzen und Aufräumen.
„Nichts. Nur hat dein Vater Tilda
nicht zum Arzt gebracht.
Und nebenbei hat er beinah das Haus abgefackelt.
Wäre ich nicht früher nach Hause gekommen,
könntest du deinen Vater nur noch
am Gebiss erkennen.
Er wäre hier verbrannt,
genauso wie das ganze Haus.“

Sarah nimmt kein Blatt mehr vor den Mund.
Niko muss endlich der Wahrheit ins Gesicht sehen.
„Du willst es einfach nicht wahrhaben“,
schreit sie Niko an.
„Du redest dir alles nur schön.
Aber dein Vater muss zu einem Arzt.
Auch, wenn er das nicht will.
Kapier das doch endlich!
Es ist zu gefährlich.
Amandus kann nicht mehr mit Tilda
allein zu Hause bleiben.
Und auch nicht mit sich allein.
Du machst einfach nur die Augen davor zu!“

In dem Augenblick kommt Amandus
schlaftrunken in die Küche.
Um diese Zeit schläft er eigentlich schon.
Im Schlafanzug geht er zielstrebig
auf den Kühlschrank zu.
Sarah und Niko bemerkt er überhaupt nicht.
Er öffnet den Kühlschrank.
Er nestelt an seiner Hose.
Dann pinkelt er in aller Ruhe in die Salatschüssel,
die im Kühlschrank steht.
Mitten in den Kartoffelsalat für morgen.
Als er fertig ist,
schlurft er zurück in sein Zimmer.

Sarah und Niko sehen sich an.
Jetzt ist auch für Niko alles klar:
Amandus muss zu einem Arzt!

Am nächsten Abend liege ich wach im Bett.
Eigentlich müsste ich schon längst schlafen.
Aber ich höre Mama und Papa in der Küche reden.
Und Opa ist wohl auch noch wach.
Ich höre ihn in seinem Zimmer schimpfen.
Mit Bertha auf dem Arm gehe ich zu Opa rein.
Er sitzt am Schreibtisch.
Vor ihm liegt ein Blatt Papier.
In der Hand hält er einen Stift.
Opa weint.

„Opa, was ist?“, frage ich.
„Kannst du nicht schlafen?“
„Es ist so furchtbar“, antwortet er.
„Es ist sch..., sch..., so scheußlich,
wenn man alles vergisst.
Wenn alles leer ist in einem drin.“

„Wie fühlt sich das denn an, Opa?
Wenn man alles vergisst?“, frage ich.
Er überlegt eine Weile.
„So wie verklebt“, sagt er dann.
„So wie Honig im Kopf.
Du kannst nichts dagegen machen.
Und jetzt kann ich nicht einmal mehr schreiben.“

„Weißt du denn noch,
was du schreiben wolltest?“, frage ich.
Opa schiebt mir Stift und Papier rüber.
„Schreib du“, sagt er.
Dann beginnt er zu diktieren:

Liebe Tilda,
es wird der Tag kommen,
an dem ich nichts mehr weiß.
Und dann werde ich vielleicht auch
nicht mehr wissen, dass du du bist.
Aber du sollst wissen:
Ich liebe dich.

Für immer.
Und du bist die beste Prinzessin, die ich je hatte.
Dein Opa Amandus.

Als ich mit Schreiben fertig bin,
nimmt Opa mich in den Arm.
Und ich halte meinen Opa ganz doll fest.

Ein paar Tage später hat Opa sich doch
überreden lassen, zu einem Arzt zu gehen.
Er hält zwar überhaupt nichts davon.
Aber Mama und auch Papa haben
darauf bestanden.

Alle zusammen sitzen wir nun bei dem Doktor.
Der stellt Fragen, und Opa soll sie beantworten.

„Herr Rosenbach", sagt der Arzt zu Opa.
„Wie geht es Ihnen denn heute?"
„Haben Sie das nicht vorhin schon gefragt?",
fragt Opa.
„Nein, Herr Rosenbach.
Also, wie geht es Ihnen denn heute?"
Opa sieht den Arzt an.
„Das haben Sie aber doch gerade schon gefragt."
Der Arzt verdreht die Augen und nickt.
„Ja, das stimmt."
Er versucht es mit einer neuen Frage.

„Dann sagen Sie mir bitte,
wen Sie da mitgebracht haben, Herr Rosenbach."

Opa sieht zu mir und zu Papa.
Dann sagt er:
„Meine Eltern."
Der Arzt zieht die Augenbrauen hoch.
„Kann es sein, dass es sich
um Ihre Enkeltochter handelt?"
Opa sieht noch einmal zu mir und sagt:
„Ja, das kann hinhauen."
„Wie alt ist ihre Enkelin?", fragt der Arzt.
„Oh", sagt Opa, „ die hat noch ganz viel vor sich."
„Wie alt ist sie also?", fragt der Arzt.

Opa wird ungeduldig.
„Jetzt stelle ich Ihnen mal eine Frage",
sagt er zu dem Arzt.
„Welche Farbe hat ein Kühlschrank innen?"
Der Arzt winkt ab.
Aber Opa fragt noch einmal:
„Welche Farbe hat ein Kühlschrank von innen?"
„Weiß", antwortet der Arzt.
„Und was trinkt eine Kuh?",
fragt Opa ganz schnell.
„Milch", antwortet der Arzt.
„Falsch!", sagt Opa und grinst übers ganze Gesicht.
„Eine Kuh trinkt Wasser und keine Milch."

Wir lachen alle.
Nur der Arzt ist peinlich berührt.
In dem Moment steht Opa auf:
„So, ich muss jetzt gehen“, sagt er.
„Ich habe einen wichtigen Termin.“
Opa geht zur Garderobe und zieht sich
einen weißen Kittel an.
„Sie können jetzt nicht einfach gehen“,
sagt der Arzt empört.
„Doch“, sagt Opa.
„Ich muss eine wichtige Operation durchführen.“

Ich könnte mich krummlachen.
Opa ist einfach klasse.
Aber dem Arzt ist überhaupt nicht
nach Lachen zumute.
„Setzen Sie sich!“, befiehlt er Opa.
Aber Opa hat bereits die Tür geöffnet
und ruft dem Arzt noch zu:
„Meine Assistentin hier wird für Sie
einen Termin machen.“
Und schon ist Opa aus dem Sprechzimmer
verschwunden.

Das Sommerfest

Im Garten haben wir alles wunderschön
vorbereitet, denn heute ist unser Sommerfest.
Nach und nach trudeln am Nachmittag
die Gäste ein.
Fast alle Kolleginnen und Kollegen
von Mama und Papa sind gekommen.
Und alle guten Freunde sowieso.

Opa soll auf seinem Zimmer bleiben.
Das hat Mama mit ihm vereinbart.
Sie möchte nicht, dass die Gäste
Opa so durcheinander erleben.
Nur zum Feuerwerk um Mitternacht
darf er in den Garten kommen.

Eine Band spielt fetzige Musik.
Das Büffet ist aufgebaut.
Die Leute trinken Sekt und Schnäpse.
Lampions baumeln über ihren Köpfen.

Plötzlich sagt eine Freundin zu Mama:
„Guck mal da, Serge ist gekommen."
Entsetzt schaut Mama sich im Garten um.
Tatsächlich, da steht Serge.
Serge ist der Chef, mit dem Mama Sex hatte.
Mama hält die Luft an.

„Den habe ich doch extra nicht eingeladen“,
flüstert Mama ihrer Freundin zu.
„Wenn Niko das mitkriegt, dann sieht er rot.“

In dem Moment sieht Mama Opa am Büffet stehen.
Opa nimmt eine Olive nach der anderen
in den Mund.
Dann legt er sie wieder in die Schüssel zurück.
Mama geht schnell zu Opa.

„Was machst du denn hier?“, fragt Mama.
„Und wie siehst du überhaupt aus?“
„Ich habe mich hübsch gemacht“, antwortet Opa.
Und ich finde, dass er wirklich schick aussieht.
Opa hat seine alte Uniform vom Militär angezogen.
Seine Paradeuniform, die er früher
bei besonderen Anlässen getragen hat.
Opa sieht ein bisschen aus wie ein Schützenkönig.

„Hast du etwa alle Oliven schon im Mund gehabt?“,
fragt Mama aufgeregt.
Dabei sieht sie nervös zu Serge,
der immer näher auf sie zukommt.
„Schmecken gut, die kleinen Knubbel da“, sagt Opa.
„Du solltest doch auf deinem Zimmer bleiben“,
sagt Mama verzweifelt.
In dem Moment klopft ihr Serge auf den Po.
Mama dreht sich wütend um.

Serge wackelt herausfordernd mit seiner Zunge.
So, als wolle er Mama gleich einen Kuss geben.

„Was machst du denn hier?", zischt Mama.
„Ich dachte schon, du hättest mich vergessen",
antwortet Serge.
„Niko weiß Bescheid", flüstert Mama ihm zu.
„Wieso das denn?", fragt Serge.
„Ich habe es ihm erzählt."
„Ach du je", stöhnt Serge.
„Wenn ich das gewusst hätte!
Dann wäre ich natürlich nicht gekommen."

Mama hat jetzt keine Zeit mehr,
sich um Opa zu kümmern.
Der sieht sich in aller Ruhe die Aufbauten
für das Feuerwerk an.
Zündung steht auf einem dicken roten Knopf.
Opa interessiert sich sehr für technische Dinge.

Mama läuft zu Papa.
Sie will ihn vorwarnen.
„Serge ist da", sagt sie zu Papa.
„Aber ich habe ihn ganz bestimmt nicht eingeladen."
„Dieser Mistkerl soll sich verpissen", fordert Papa.
„Aber das kann ich ihm doch nicht sagen",
antwortet Mama.
„Er ist immerhin mein Chef."

Plötzlich steht Serge neben Mama.
„Hallo!", sagt er zu Papa.
Serge will Papa gerade die Hand reichen,
da schlägt Papa zu.
Mit der Faust schlägt er Serge ins Gesicht.

Ich finde Papa mutig,
denn Serge war früher mal Boxer.
Serge torkelt nach hinten und fällt auf den Boden.
Seine Nase blutet.
Aus dem Mund fischt er sich einen Zahn.
Dann richtet er sich langsam auf.
Serge geht auf Papa zu.
Er sieht aus wie ein wütender Stier.

„Serge!", schreit Mama.
Aber sie kann ihn nicht zurückhalten.
Serge verabreicht Papa einen fiesen Hieb
in den Bauch.
Aber Papa ist rasend vor Wut und schlägt zurück.
Serge kippt mitten in das Büffet.

„Rums", macht es da, und dann knallt und zischt
und feuert es durch die Luft.
Opa!
Opa hat auf *Zündung* gedrückt.
Jetzt tobt das Feuerwerk durch unseren Garten.
Viel zu früh. Aber so heftig, wie Mama es wollte.

Schreiend rennen die Leute auseinander.
Die Band rettet ihre Instrumente.
Tische fallen um.
Gläser und Teller werden zerschmettert.
Lichtblitze zischen durch den ganzen Garten.
Leute rutschen auf dem Essen aus.
Jeder will weg, sich in Sicherheit bringen.
Pausenlos gibt es Explosionen.
Zwischen all dem schreit Mama wie eine Verrückte.
Bis sie schließlich ohnmächtig zusammenbricht.

Meine Freundin Maja und ich
sehen alles vom Balkon aus.
Erst haben wir uns kaputtgelacht.
Aber dann sehe ich Opa in dem ganzen Chaos.
Wie verwirrt er aussieht.
Ob er glaubt, es ist Krieg?

Abhauen!

Das Gartenfest war eine einzige Katastrophe.
Und Mama war so sauer,
dass sie für einige Zeit zu ihrer Mutter gezogen ist.
Aber Papa hat sie dann irgendwann
wieder zurückgeholt.
Natürlich hat er sich tausendmal entschuldigt,
wegen der Schlägerei mit Serge.

Aber viel schlimmer als das Gartenfest
ist etwas ganz anderes:
Papa hat sich ein Heim für Opa angesehen.
Papa war nämlich noch einmal bei dem Arzt.
Und der hat gesagt:
„Am Ende des Weges wird Ihr Vater
in ein Heim müssen.
Mein eigener Vater hatte auch Alzheimer.
Ich kenne Ihre Gedanken, Ihre Schuldgefühle.
Aber Sie und Ihre Frau arbeiten beide.
Wie wollen Sie Ihren Vater pflegen?
Und ich kann Ihnen sagen,
bei Alzheimer schafft das kaum jemand
bis zum Ende des Weges."

Ich habe das alles durch Zufall rausbekommen.
Weil ich im Büro von Papa angerufen hatte.
Die Sekretärin hat mir alles am Telefon erzählt.

Abends habe ich Papa dann gesagt:
„Du willst Opa in ein Heim stecken."
Erst wollte Papa es nicht zugeben.
Dann hat er versucht, mich zu überzeugen.
Für Opa wäre es das Beste.
Das hat mich nur noch wütender gemacht.
Ich habe zu Papa gesagt:
„Ich würde dich nie in ein Heim stecken,
wenn du mal alt bist."
Und dann habe ich noch gerufen:
„Ich hasse dich!"

Seit dem Vorfall habe ich mir alles reiflich überlegt.
Ich werde etwas tun,
was mein Kinderarzt Dr. Ehlers zu mir gesagt hat:
„Du musst dich um deinen Opa kümmern.
Er braucht eine Aufgabe.
Das ist ganz wichtig."

Deshalb habe ich beschlossen,
mit Opa nach Venedig zu fahren.
Opa soll mir die Stadt seiner Träume zeigen.
Das soll seine Aufgabe sein.
Mama und Papa würden uns die Reise nie erlauben.
Deshalb müssen wir alles ganz heimlich machen.

Eines Abends habe ich Opa dann eingeweiht.
Er hat mich sehr überrascht angesehen.

Und dann hat er gesagt:
„Ich finde da aber nicht mehr hin.
Ich bin zu nichts mehr zu gebrauchen."
„Aber ich finde da hin", habe ich ihn beruhigt.

Denn seit Wochen habe ich alles bestens geplant:
Opa muss uns mit Mamas Auto
zum Hamburger Hauptbahnhof bringen.
Von dort aus geht es dann mit dem Zug weiter.
Und dann werden wir
in Opas Traumstadt ankommen.
In seinem geliebten Venedig!

Ganz früh am Morgen schleichen wir uns
aus dem Haus.
Opa hat wieder seine Paradeuniform angezogen.
Sehr schick sieht er aus.
Mamas Autoschlüssel habe ich eingesteckt.
Und jetzt geht es los!

Im Auto sieht mich Opa traurig an.
„Jetzt hab ich sogar vergessen,
wie man das Ding anmacht."
Kein Problem. Ich zeige es ihm.
„Und jetzt?", fragt Opa.
Jetzt musst du auf die Kupplung treten."
Ich zeige Opa, wo die Kupplung ist.
„Jetzt Gas geben!", sage ich.

Oh, das kann Opa gut. Und wie er Gas gibt!
Leider hat er den Rückwärtsgang drin.
Und so scheppern wir erst einmal heftig
gegen Papas Auto.

Mama ist wohl davon wach geworden.
Sie steht am Fenster und ruft ins Telefon:
„Mein Wagen wird gerade gestohlen.
Kommen Sie sofort!"
Puh, zum Glück hat sie uns nicht erkannt.
Sie denkt wohl, dass Diebe den Wagen klauen.
Und deshalb telefoniert sie mit der Polizei.

„Also Opa, am besten machst du die Pedale,
und ich schalte."
Opa nickt.
Es gefällt ihm, dass er nicht
alles alleine machen muss.
So kommen wir gut voran.
Vielleicht etwas zu schnell.
Aber so verpassen wir wenigstens nicht den Zug.

Wir fahren auf eine große Kreuzung zu.
„Opa!", schreie ich plötzlich.
„Die Ampel ist rot!"
„Ich hab das aber so gelernt", sagt Opa.
„Grün bleibt stehen,
Rot kann gehen!"

Ich grinse, obwohl es eigentlich
nichts zu lachen gibt.
Hinter uns an der Kreuzung sind mindestens
drei Autos ineinandergekracht.
Aber wir sind zum Glück gut durchgekommen.

Am Hauptbahnhof stellen wir den Wagen ab.
„Jetzt kaufen wir noch die Tickets", sage ich zu Opa.
Aber jetzt hat er wieder diesen seltsamen Blick.
Diesen Blick ins Leere.
Ich ziehe Opa hinter mir her
zum Fahrkarten-Schalter.
„Zweimal Venedig", sage ich selbstbewusst.
Der Mann soll bloß nicht merken,
dass wir abgehauen sind.
„Hin und zurück?", fragt er.
„Was ist billiger?", frage ich.
„Nur hin", sagt der Mann am Schalter
und wundert sich ein bisschen.
„Dann zweimal nur hin", sage ich.
„Macht 240 Euro", sagt der Mann.
Ich muss schlucken.
So viel Geld habe ich gar nicht.
„Opa, hast du Geld?"

Opa kramt in seiner Brieftasche.
Er reicht mir eine Kreditkarte.
Oje. Ob er die PIN wohl weiß?

Die Geheimnummer, die ich gleich eintippen muss?
„1916“, sagt Opa sofort.
„Schlacht von Verdun.“
„Schlacht von Verdun?“, frage ich ihn.
„Erster Weltkrieg“, sagt der Mann am Schalter
und schiebt die Karte in das Gerät.
Ich tippe Opas Zahl ein: 1916.
Es klappt!
„Gute Reise“, sagt der Mann
und gibt mir die Tickets rüber.
„Und viel Spaß in Venedig!“

Reise mit Hindernissen

Sarah kann es nicht fassen.
Direkt vor der Haustür wird ihr Auto geklaut.
Und das mitten am Tag!
Wütend tritt sie gegen Nikos Wagen.
„Das darf doch nicht wahr sein!",
brüllt sie immer wieder.
Plötzlich steht Niko neben ihr.
„Warum regst du dich nicht auf?", schreit sie ihn an.
„Und was machst du überhaupt für ein Gesicht?"

Erst findet Niko keine Worte.
Dann sagt er:
„Tilda und Amandus sind weg.
Die beiden sind wohl mit dem Wagen gefahren."
„Tilda und Amandus?", fragt Sarah ungläubig.
„Das kann doch nicht wahr sein!"

In der Zwischenzeit sitze ich mit Opa
schon längst im Zug.
Opa sitzt mir gegenüber.
Er hat Bertha auf dem Arm.
Seit unserer Abfahrt lässt er mein Schmusetier
nicht mehr los.
Es gibt ihm Sicherheit.
Wie einem kleinen Kind,
das seinen Teddybären festhält.

Wir haben ein schönes Abteil erwischt.
Zum Glück haben wir es für uns alleine,
denn Opa hat vor lauter Reisefieber
Pipi in die Hosen gemacht.
Ich ziehe ihm eine frische lange Unterhose an.
Blöderweise habe ich vergessen,
eine zweite Stoffhose für ihn einzupacken.
Aber bis Venedig ist seine Hose bestimmt
wieder trocken.

Ich will warten, bis wir in Italien sind.
Erst dann will ich Mama und Papa anrufen.
Dann sind Opa und ich weit genug weg
von zu Hause und sie können uns
nicht einfach zurückholen.

Als der Zug in Bozen anhält,
rufe ich endlich an.
„Hallo Mama und Papa“, spreche ich
auf unseren Anrufbeantworter zu Hause.
„Opa und ich machen eine Reise und sitzen im Zug.
Uns geht es gut.
Macht euch nur keine Sorgen.“

Opa steht auf und gibt mir ein Zeichen.
Er muss zur Toilette.
Ich nicke und zeige mit dem Finger
in die Richtung der Toilette.

Dann spreche ich noch ein paar Sätze ins Telefon.
Mama und Papa sollen wissen,
dass alles mit uns in Ordnung ist.
Ich bin so glücklich,
weil bisher alles gutgegangen ist.
Dann lege ich auf und sehe zufrieden
aus dem Fenster.

Auf dem Bahnsteig ist ziemlich viel los.
Hier in Bozen steigen viele Leute ein und aus.
Ein richtiges Gedränge ist da draußen.
Aber dann fährt der Zug endlich weiter
Richtung Venedig.
Jetzt ist es nicht mehr weit.
Etwas mehr als drei Stunden.
Dann sind Opa und ich in Venedig.

Was ist das denn?
Gerade als der Zug anfährt, sehe ich Opa.
Opa ist da draußen auf dem Bahnsteig.
„Opa!", schreie ich, aber er kann mich nicht hören.
Ich klopfe gegen die Scheibe.
Ich muss ihm hinterher!

Mit voller Kraft ziehe ich die Notbremse.
Mit einem harten Ruck bleibt der Zug stehen.
Schnell raffe ich unsere Sachen zusammen
und renne raus.

Da hinten sehe ich Opa gehen.
In Unterhosen und mit Bertha auf dem Arm.
„Opa!“, rufe ich.

„Warst du das?“, brüllt mich ein Zugbegleiter an.
„Hast du die Notbremse gezogen?“
„Opa!“, rufe ich wieder und renne weiter.
Sofort werde ich von Polizisten verfolgt.
Aber zwischen den Leuten komme ich
schneller durch als sie.

Als ich bei Opa bin, ziehe ich ihn schnell mit mir.
„Komm, Opa! Wir müssen uns verstecken!“
Opa versteht jetzt überhaupt nichts mehr.
„Wo sind denn die Russen?“, fragt er überrascht.
Wieder denkt er, wir sind im Krieg.
Ich habe jetzt keine Zeit, ihm alles zu erklären.
Atemlos ziehe ich ihn mit in die Damentoilette.
Schnell schließe ich hinter uns die Tür ab.
„Hier bleiben wir so lange, bis sie wieder weg sind“,
sage ich zu Opa.
Erschöpft schlafen wir beide ein.

Nach Tildas Anruf fahren Sarah und Niko
sofort zur Polizei.
„Sie wollen also eine Vermisstenanzeige aufgeben?“,
fragt der Polizist auf der Wache.
Sarah nickt.

„Ja, natürlich!", ruft sie laut.
Sie ist ungeduldig und will,
dass sofort etwas unternommen wird.
Alles, was möglich ist.
„Sollen wir etwa mit Hubschraubern losfliegen?",
fragt der Polizist.
„Und mit Wärmebild-Kameras
nach den beiden suchen?"
„Selbstverständlich!", sagt Sarah noch lauter.

Der Polizist schüttelt den Kopf.
„Nein", sagt er.
„Ihr Schwiegervater ist erwachsen.
Er und seine Enkelin verstehen sich prächtig.
Das haben Sie ja selbst gesagt.
Es gibt also keinen Grund für uns,
eine Großfahndung einzuleiten."
„Aber mein Vater hat Alzheimer", sagt Niko.
„Auch das ist erst einmal
kein ausreichender Grund", sagt der Polizist.
„Ihr Vater kann selbst bestimmen, was er macht.
Aber ich verspreche Ihnen:
Wir informieren die Bahnpolizei,
und wir halten die Augen auf.
Wir melden uns sofort bei Ihnen,
sobald wir etwas erfahren."

Die Flucht

Frühmorgens klopft jemand an der Toilettentür.
„Machen Sie sofort auf!“,
befiehlt eine Männerstimme.
„Wer ist da?“, fragt Opa höflich.
„Der Bürgermeister!“, ruft der da draußen.
„Der Bürgermeister will uns sprechen“,
sagt Opa ganz erstaunt zu mir.
„Das war doch nur ein Scherz“,
sagt der Mann vor der Tür.
„Machen Sie auf! Ich bin Erdal.
Ich muss hier putzen.“

Erst habe ich Angst,
dass Erdal uns an die Polizei verrät.
Aber dann wird er unser großer Helfer.
Erdals Familie kommt aus der Türkei.
Aber Erdal selbst ist in Deutschland geboren,
und jetzt lebt und arbeitet er in Italien.
Ich erzähle ihm in aller Kürze unsere Geschichte.

Erdal findet unser Abenteuer witzig.
Deshalb beschließt er, uns zu helfen.
„Mit dem Zug könnt ihr
auf keinen Fall weiterfahren“, sagt er.
„Die verhaften euch sofort, wenn sie euch finden.
Aber ich habe eine gute Idee.“

Erdal telefoniert auf Türkisch.
„Ein Freund“, erklärt er uns und zeigt auf sein Handy.
„Der bringt euch nach Venedig.“

Erst versteckt Erdal uns in einem Rollcontainer.
Pfeifend rollt er uns damit über den Bahnsteig.
So kommen wir unbemerkt an der Polizei vorbei.
Dann rollt er den Container auf seinen Lieferwagen.
Erst als wir außerhalb der Stadt sind,
lässt Erdal uns wieder raus.

„Puh, das ist nochmal gut gegangen“,
sagt er lachend.
„Jetzt brauchen wir nur noch
auf meinen Freund zu warten.
Der fährt regelmäßig nach Venedig.
Und diesmal nimmt er euch natürlich mit.
Mein Freund tut alles für mich.“

Opa und ich strecken und recken uns.
„Ich glaube, Mama und Papa machen sich
doch Sorgen“, sage ich.
Erdal schlägt vor, ein Video
an Mama und Papa zu schicken.
Und sofort fängt er an, sich und uns
vor den Tiroler Bergen zu filmen.
„Hallo“, spricht er in sein Handy.
„Ich bin Erdal. Und hier sind Tilda und Amandus.“

Er hält die Kamera erst auf Opa, dann auf mich.
Dann spricht er weiter:
„Den beiden geht es sehr gut, und ich helfe ihnen.
Damit die beiden gut in die Stadt der Liebe kommen.“

Ach du je!
Sofort nehme ich Erdal das Handy aus der Hand.
„Hast du das etwa schon abgeschickt?“, frage ich.
Erdal nickt.
„So ein Mist!“, schimpfe ich.
„Jetzt wissen Mama und Papa,
dass wir nach Venedig wollen.“
„Wieso?“, fragt Erdal.
„Ich habe doch nur gesagt: die Stadt der Liebe.
Das kann auch Paris sein.“

Ich verdrehe die Augen.
„Wer fährt denn von Hamburg aus
über Südtirol nach Paris?
Meine Eltern wissen doch sofort,
dass es um Venedig als Stadt der Liebe geht.“
Opa nickt. Da kann er auch mitreden.

In dem Augenblick fährt ein großer Lkw vor.
Aus dem Laderaum hört man Schafe blöken.
„Hallo!“, ruft der Fahrer fröhlich,
als er aus dem Wagen springt.
„Ich bin Emre, euer Fluchtfahrer.“

Erdal und Emre umarmen sich herzlich.
„Bei ihm seid ihr in guten Händen", lacht Erdal.
„Na, dann klettert mal rein!", ruft Emre
und öffnet die Ladetür.

„Da sollen wir rein?", frage ich
und zeige auf die Schafe.
Auch Opa schaut überrascht.
Emre nickt.
„Warum können wir nicht vorne mitfahren?",
frage ich.
„Weil man euch dann sieht", sagt Emre.
„Die suchen euch doch überall."

Uns bleibt nichts anderes übrig.
Opa und ich suchen uns einen Platz
zwischen den Schafen.
„Danke für alles", rufe ich Erdal zu.
„Pass gut auf deinen Opi auf", ruft er zurück.
„Bist ein tolles Mädchen."

Dann schließt Emre die Ladeklappe,
und es geht los.

Ich finde, es stinkt furchtbar hier drin.
Aber Opa freundet sich sofort mit einem Schaf an.
„Was bist du denn für eine Hübsche?", fragt er
und krault das Schaf im Nacken.

Opa macht aus jeder Situation das Beste.
Ich kann noch viel von ihm lernen.

In Hamburg ist Erdals Video inzwischen
längst angekommen.
Sarah sieht Niko ungläubig an.
„Die fahren nach Venedig“, sagt sie.
„Wahnsinn!“, sagt Niko.

Noch am selben Abend packen sie ihre Koffer.
„Wir fliegen morgen nach Venedig“,
sagt Sarah ihrer Mutter am Telefon.
„Oh, seid ihr wieder verliebt?“, fragt Sarahs Mutter.
„Wurde ja auch höchste Zeit.“

„Nein, nein“, sagt Sarah.
„Tilda und Amandus sind auf dem Weg
nach Venedig.
Wir wollen sie dort suchen.“
Sarahs Mutter lacht.
„Fantastisch!“, ruft sie.
„Tilda ist einfach fantastisch!
Diesen Mut, den hat sie von mir.“
„Kannst du in der Zeit bei uns zu Hause bleiben,
Mutter?“, fragt Sarah.
„Falls Tilda in der Zwischenzeit hier anruft.“
„Klar, mache ich“, sagt Sarahs Mutter.
„Aber nur, wenn ihr genug Wein dahabt“, kichert sie.

Die Suche

Am nächsten Nachmittag checken Sarah und Niko
in einem Hotel in Venedig ein.
Hotel Bauer heißt es.
Danach wollen sie sich sofort auf die Suche machen.
Auf die Suche nach Tilda und Amandus.

„Wir haben nur noch zwei Suiten frei",
sagt der Mann am Empfang.
„Nicht ganz billig, aber wunderschön."
„Wie teuer ist denn eine?", fragt Sarah.
„1800 Euro", antwortet der Mann.
„Für eine Nacht?", fragt Sarah entsetzt.
Der Mann nickt.
„Komm!", sagt Sarah zu Niko.
„Wir suchen uns was anderes."
Aber Niko hält Sarah zurück.
Zärtlich sagt er: „Lass nur. Wir gönnen uns das mal."
Sarah lächelt Niko an.
So hat sie ihren Mann schon lange nicht mehr erlebt.

„Dann bekommen Sie also die Suite Nummer 558",
sagt der Mann vom Hotel.
Zu Sarah sagt er leise:
„Ein wunderschönes Zimmer.
Da sind schon viele Bambini gezeugt worden."
Er zwinkert mit einem Auge.

Sarah schaut verlegen zu Niko.
Aber der lächelt nur.

Nach dem Einchecken gehen Sarah und Niko los.
„In dem Gewimmel in der Stadt werden wir sie bestimmt nicht finden“, sagt Sarah.
„Wenn Tilda und Amandus überhaupt in Venedig sind.“
„Ich spüre, dass sie hier sind“, sagt Niko.
„Und ich kenne die Orte,
an denen Amandus mit Margarethe war.
Er hat mir die Geschichte ja tausendmal erzählt.“

Mit Fotos von Tilda und Amandus
machen Sarah und Niko sich auf den Weg.
Mit den Fotos wollen sie
die Leute in der Stadt befragen.
Vielleicht hat ja einer die beiden gesehen.

Venedig

Oje, was haben Opa und ich alles durchgemacht:
Erst haben die Schafe furchtbar gestunken,
da auf dem Lkw.
Dann wurde der Lkw von der Polizei angehalten.
Emre wollte die Polizisten ablenken.
Aber die haben darauf bestanden,
dass er den Lkw aufmacht.
Das habe ich zum Glück mitbekommen.
Sofort bin ich mit Opa hinten ausgestiegen
und abgehauen.
Zum Glück hat die Polizei nichts davon bemerkt.
Und Emre hat bestimmt ganz schön gestaunt,
dass wir plötzlich weg waren.

Ich bin dann zu Fuß mit Opa weitergelaufen.
Über die Wiesen in den Bergen.
Da lag sogar noch etwas Schnee.
Als Opa nicht mehr konnte,
habe ich ein Auto angehalten.
Und die Leute haben uns ein Stück mitgenommen.
Auch auf einem Traktor sind wir mitgefahren.
Hinten, auf dem Anhänger mit Holzstämmen.
Was für ein Abenteuer!

Opa hat alles mitgemacht,
mit Bertha auf dem Arm natürlich.

Endlich war mal wieder was los in seinem Leben.
Und er hatte eine Aufgabe:
mir Venedig zu zeigen.

Abends haben wir ein Lagerfeuer gemacht.
„Opa", habe ich gefragt,
„hast du eigentlich Angst vor dem Tod?"
„Nö", hat Opa gesagt.
„Dann bin ich da oben im Himmel
wieder mit Oma zusammen.
Das wird schön."
„Aber ich habe Angst davor,
wenn du eines Tages tot bist, Opa."
„Das brauchst du nicht, Tilda", hat Opa gesagt.
„Wenn ich dir fehle, schaust du nach oben.
Und dann sehen Oma und ich auf dich runter.
Und dann sind wir ja wieder bei dir.
Wir passen schon gut auf dich auf."

Einmal sind Opa und ich unterwegs
in einem Kloster gelandet.
Wir hatten nichts mehr zu essen.
Zum Glück haben die Nonnen uns
bei sich aufgenommen.
Es gab nur Suppe. Aber immerhin.
Opa hätte lieber gebratenes Schaf gegessen.
Er dachte wohl noch immer an unsere Fahrt
in Emres Viehtransporter.

Am nächsten Tag hat uns eine der Nonnen
im Auto mitgenommen.
Bis zu einem kleinen Hafen hat sie uns gebracht.
Dort sind Opa und ich auf eine Fähre gestiegen.
Und jetzt schnuppern wir die Luft von Venedig!
Opa und ich sind angekommen.

Als Erstes zeigt Opa mir die vielen Brücken.
Und die schönen Paläste.
Die großen Plätze mit Scharen von Tauben.
Ich weiß gar nicht, wohin ich zuerst schauen soll.
Alles ist hell und das Wasser glitzert.
Auf den Kanälen fahren die Gondeln.
Die kannte ich bisher nur von Bildern.
Opa strahlt über das ganze Gesicht.
Als ob er sein altes Zuhause wiedersieht.
Als ob er sein ganzes Glück wiedergefunden hat.
Sein Glück mit Oma.
Sein Glück aus der Zeit,
als alles noch gut war in seinem Kopf.
Als seine Gedanken so munter waren
wie die Fische im Wasser.

„Und das hier ist der größte Kanal",
sagt Opa und breitet die Arme aus.
„Der Canale Grande.
Auf der Brücke da vorne habe ich Oma gefragt:
Willst du meine Frau werden?

Da vorne, auf der Rialtobrücke.
Und Oma hat ja gesagt.
Ja, ich will."

Mit einer Gondel fahren wir durch die Kanäle.
Vorher haben wir noch Eis gegessen.
Opa ist das Hörnchen runtergefallen.
Aber die Tauben haben sich darüber gefreut.
„Siehst du", sagt Opa.
„Die Tauben haben mich wiedererkannt."

Die Gondel schaukelt durch die engen Kanäle.
Vorbei an bunten Häusern.
Vorbei an verzierten Palästen mit hohen Säulen
und Figuren aus Marmor.

„Halt!", ruft Opa auf einmal.
Der Gondoliere hält die Gondel an einer Mauer an.
„Hier habe ich mit Oma gewohnt!",
ruft Opa aufgeregt.
„Hier, in diesem Hotel."
„Bist du sicher?", frage ich Opa.
„Ich glaube schon", sagt er.
„*Hotel Bauer*, so hieß das auch damals."

Der Gondoliere lässt uns aussteigen.
Aufgeregt betreten wir die große Halle.
„Das ist es", sagt Opa.

„Das ist das Hotel.
Bestimmt wartet Oma hier schon auf uns."

„Wir haben leider nur noch eine Suite frei",
sagt der Mann am Empfang.
„Und was kostet die?", frage ich besorgt.
„1800 Euro", sagt der Mann.
„1800?" Ich bin sprachlos.
Opa versucht, mich zu beruhigen.
„Das sind ja nur Lira", sagt er.
„Umgerechnet sind das so ungefähr zwei Mark."

Was bleibt uns anderes übrig?
Opa soll da wohnen, wo er mit Oma gewohnt hat.
Damals, als er so glücklich war.
Ich will nur eins:
Opa soll glücklich sein.
Vielleicht wird er dann ja auch wieder gesund.

Opa ist weg!

Das Hotelzimmer ist wunderschön.
Wir haben ein riesiges Bett
unter einem goldenen Kronleuchter.
Teure Teppiche liegen auf dem Boden.
Und dicke Sessel stehen um einen Kamin.

Todmüde machen wir uns zum Schlafen fertig.
Was für ein wunderschöner Tag war das heute!
Opa ist schon im Schlafanzug.
Er geht ins Bad, um sich die Zähne zu putzen.

Aber was macht er denn da?
Opa streicht Rasierschaum auf seine Zahnbürste.
Dann starrt er erschrocken in den Spiegel.
So, als hätte er ein Gespenst entdeckt.
„Wer ist das denn?", ruft er
und zeigt auf sein Spiegelbild.

Ich gehe zu ihm ins Bad und stelle mich neben ihn.
„Das bist doch du, Opa.
Und neben dir, das bin ich, Tilda."

Opa sieht weiter in den Spiegel.
Er fasst sich ans Ohr.
„Der da macht mir alles nach", sagt er.
Opa fasst sich an den Kragen.

Sein Spiegelbild auch.
Opa streckt sich die Zunge raus.
Sein Spiegelbild macht natürlich dasselbe.
Ich lache, denn es sieht so witzig aus.
Aber Opa lacht nicht.
Er erkennt sein eigenes Spiegelbild nicht mehr.

„Gute Nacht, Opa", sage ich neben ihm im Bett.
„Es war so schön mit dir heute."
Er starrt an die Decke.
„Ich muss noch so viel von dir lernen", sagt er.
„Du musst nichts von mir lernen, Opa", sage ich.
„Hauptsache, du vergisst nicht noch mehr."
Dann schlafen wir beide ein.

In der Nacht hört Amandus ein seltsames Geräusch.
Er glaubt, es ist der Vogel unten in der Halle.
Am Empfang stand nämlich ein Papagei
in einem großen Käfig.
Amandus macht sich Sorgen um den Vogel.
Im Schlafanzug geht er nach unten in die Halle.
„Kann ich etwas für Sie tun?",
fragt der Mann vom Empfang.
„Wo ist hier der Strand?", fragt Amandus.
Erstaunt sieht ihn der Mann an.
Der Strand ist in Lido", sagt er.
„Aber da können Sie jetzt nicht hin.
Es ist mitten in der Nacht."

„Ich weiß, wo das ist", sagt Amandus.
Und zielstrebig verlässt er das Hotel.

Am nächsten Morgen ist das Bett neben mir leer.
Opa ist weg!
Sofort springe ich auf, ziehe mich rasend schnell an,
renne nach unten in die Halle.
Ich frage nach meinem Opa.
Eine Frau am Empfang antwortet mir auf Italienisch.
Ich verstehe kein Wort, nur das Wort Lido.
Opa wollte also nach Lido, an den Strand.

Ich springe auf das erste Ausflugsboot nach Lido.
Ich muss Opa so schnell wie möglich wiederfinden.
Hoffentlich stößt ihm nichts zu!

Aufmerksam suche ich alles mit den Augen ab.
Die Plätze, die Treppen, die Säulen, die Brücken.
Bei jeder Kurve schaue ich aufs Neue.
Es sind so viele Menschen.
Und Opa ist einfach nirgends zu sehen.

Doch plötzlich entdecke ich ihn auf einer Bank.
„Opa!", schreie ich, und gleichzeitig: „Stopp!"
Aber der Schiffskapitän kann nicht einfach bremsen.
Aufgeregt gibt er mir Zeichen.
Ich soll mich wieder hinsetzen.
Aber ich, ich springe.

Hinunter, in den Kanal, in das dunkle Wasser.
Der Kapitän ruft mir wütend etwas nach.
Er ist verzweifelt.
Ich könnte ertrinken.
Die Leute an Bord schauen alle zu mir.
Manche winken und rufen ganz aufgeregt.
Der Kapitän wirft einen Rettungsring
in meine Richtung.

Aber ich muss weiterschwimmen.
Bis ich endlich die Treppe erreiche.
Die Treppe in der Kaimauer.
Da oben, da sitzt Opa auf einer Bank.
Von der Bank hatte er immer so viel erzählt.
Hier hat er immer mit Oma gesessen.
Damals, als sie in Venedig waren.

„Gott sei Dank", sage ich zu ihm.
„Ich bin so erleichtert.
Ich habe dich überall gesucht, Opa."

„Wer sind Sie?", fragt Opa mich
und sieht mich misstrauisch an.
„Opa?", frage ich.
Er reagiert nicht.
„Ich bin doch Tilda, deine Enkelin", sage ich zu ihm.
„Kenne ich nicht", sagt er mürrisch.
„Ich bin Tilda Rosenbach, Opa, deine Enkeltochter.

Von deinem Sohn Niko und von Sarah.
Wir sind doch eine Familie, Opa.
Und du gehörst dazu."

„Kenne ich alle nicht", sagt Opa grimmig.
„Verschwinden Sie von hier!"
Ärgerlich dreht er sich von mir weg.
Es tut mir so weh.
Was hat Opa nur?

In dem Moment begreife ich es.
Opas Sätze fallen mir wieder ein:
Der Tag wird kommen ...
Und nun ist der Tag da:
Opa erkennt mich nicht mehr.
Mir laufen die Tränen über das Gesicht.

Abschied

So ein Mist, denke ich.
Jetzt ist auch noch mein Handy nass.
Jetzt kann ich nicht einmal
Mama und Papa anrufen.

Aber das kann doch nicht sein!
Da sind sie doch!
Da vorne gehen Mama und Papa!
„Mamaaa!“, schreie ich. „Papaaa!“
Sofort sehen sie in meine Richtung.
Ich laufe zu ihnen.
Sie laufen mir entgegen.

Papa nimmt mich in die Arme.
Er ist so erleichtert.
Mama streichelt mir über den Kopf.
„Endlich haben wir dich wieder“, sagt sie.
„Wir sind so stolz auf dich, Tilda.
Was du alles für Opa getan hast …“

„Opa sitzt da hinten“, unterbreche ich sie.
„Er erkennt mich nicht mehr.“
Weinend klammere ich mich an Papa fest.

Papa geht zu Opa und umarmt ihn.
Aber Opa starrt nur in die weite Ferne.

Opa erkennt uns nicht mehr.
Er ist irgendwo, wo niemand mehr von uns ist.
Irgendwo, wo wir ihn nicht mehr finden können.

Nach unserer Rückkehr nach Hamburg
ist Opa noch lange bei uns geblieben.
Wir haben viel unternommen,
sind spazieren gegangen.
Oder wir haben Ausflüge gemacht
in ein Gartenlokal.
Oder wir sind mit einem Schiff
auf der Elbe gefahren.

Mama hat jetzt viel mehr Zeit für uns.
Sie hat ihre Arbeit gekündigt.
Und ein Baby hat sie auch noch bekommen.
Mein Brüderchen heißt Amandus,
genauso wie Opa.

Erst hat eine Pflegerin Opa bei uns zu Hause
versorgt.
Aber Opa hat ihren Busen so schön gefunden,
dass sie gekündigt hat.
Dann haben wir für Opa einen Platz
in einem guten Pflegeheim gefunden.
Ich besuche Opa fast jeden Tag dort.
Ich lese ihm dann immer aus der Zeitung vor.
Genauso wie heute.

Als ich mit dem Wetterbericht fertig bin,
fängt Opa plötzlich an zu sprechen:
„Was bist du denn für eine Hübsche?",
sagt er zu mir.
„Ich bin Tilda, deine Enkeltochter."

Opa denkt eine Weile nach.
Er ist müde, aber er spricht weiter:
„Du bist meine kleine Prinzessin.
Für immer."
Dann schließt Opa seine Augen.
Ich streichel seine Wangen.
Ich streichel seine Hände.
Opa atmet nicht mehr.

Ich weine bitterlich.
Dann gehe ich ans Fenster.
Ich mache es weit auf.
Ich schaue nach oben in den Himmel.
Und ich rufe:
„Pass gut auf ihn auf, Oma!"

Wörterliste

Seite 9: peinlich
etwas macht jemanden verlegen, man schämt sich für etwas

Seite 11: Pitch
kurze und knappe Vorstellung von einer Projektidee bei einem Kunden, um einen Auftrag zu bekommen

Seite 13: Vermisstenanzeige
bei der Polizei melden, dass eine Person vermisst wird

Seite 16: mitgehen lassen
stehlen

Seite 18: Lkw
Abkürzung für: Lastkraftwagen

Seite 22: Glotze
Alltagssprache für: Fernseher

Seite 22: Pool
Schwimmbecken

Seite 24: spießig
altmodisch; kitschig

Seite 26: Alzheimer
Eigentlich Alzheimer-Krankheit. Die Krankheit heißt so nach ihrem Entdecker. Alzheimer ist eine Erkrankung im Gehirn, bei der Nervenzellen im Gehirn absterben. Der betroffene Mensch verliert nach und nach sein Gedächtnis und seine Orientierung. Alzheimer ist nicht heilbar, kann aber hinausgezögert werden.

Seite 34: nesteln
mit den Fingern suchen; nicht richtig zufassen

Seite 39: Büffet
langer Tisch mit Speisen und Getränken

Seite 40: rot sehen
zornig werden; furchtbar wütend sein

Seite 40: Militär
Soldaten; Streitkräfte

Seite 40: Schützenkönig
Schützensport hat eine lange Tradition in Deutschland. Beim Schützenfest wird so getan, als würde ein Vogel abgeschossen. Es handelt sich aber um einen nachgebauten Vogel. Wer ihn von der Befestigung abschießt, ist für ein Jahr Schützenkönig.

Seite 41: verpissen
Alltagssprache für: abhauen; heimlich verschwinden

Seite 49: Schlacht von Verdun
Heftige und grausame Kämpfe der Deutschen gegen die Franzosen im Ersten Weltkrieg (1914 bis 1918). Die Schlacht von Verdun im Jahr 1916 dauerte fast ein ganzes Jahr. Verdun ist eine kleine Stadt im Nordosten von Frankreich.

Seite 51: Reisefieber
Aufregung vor einer Reise

Seite 54: Wärmebild-Kamera
Kamera, mit der Körperwärme abgebildet werden kann. Sie wird zum Beispiel eingesetzt, um Menschen in Wäldern oder Gebirgen zu finden.

Seite 56: Rollcontainer
Transport-Behälter auf Rollen

Seite 60: Suite
hier: vornehmes, sehr großes Hotelzimmer; wie eine Wohnung im Hotel

Seite 60: Bambini
italienisch für: Kinder

Seite 64: Gondel
Spezielles Boot in Venedig, das durch die Kanäle gerudert wird. Venedig ist berühmt für seine Gondeln.

Seite 66: Lira
frühere italienische Geldwährung vor dem Euro

Seite 66: Mark
Deutsche Mark: frühere deutsche Geldwährung vor dem Euro

Seite 67: Kronleuchter
festliche große Lampe mit vielen Anhängern aus Glas oder Kristall

Seite 70: Kaimauer
Mauer in einem Hafen oder an einem Gewässer, an der Schiffe anlegen

Über Marion Döbert

Marion Döbert wird 1956 in Essen geboren. Sie macht ihr Diplom in Erziehungswissenschaften und arbeitet viele Jahre als Expertin für Lesen und Schreiben bei Erwachsenen.

Mit anderen zusammen gründet sie den Bundesverband für Alphabetisierung und Grundbildung e. V. Der Verband setzt sich für die Interessen von Menschen ein, die Probleme mit dem Lesen und Schreiben haben.

Es gibt über 6 Millionen Erwachsene in Deutschland, die nicht ausreichend lesen und schreiben können. Marion Döbert ist über zehn Jahre im Vorstand des Vereins.

Für ihren Einsatz erhält Marion Döbert 2003 das Bundes-Verdienst-Kreuz am Bande.

2011 wird sie zur Botschafterin für Alphabetisierung und Grundbildung ausgezeichnet.

Seit 2013 ist Marion Döbert Autorin beim Spaß am Lesen-Verlag.
Für den Verlag schreibt sie bekannte Bücher, Filme und Drehbücher um in Einfache Sprache.

Bisher sind von ihr erschienen:
Das Wunder von Bern; Arno Geiger: *Der alte König in seinem Exil*; Erich Maria Remarque: *Im Westen nichts Neues; Sophie Scholl – Die letzten Tage*; Marie-Sabine Roger: *Das Labyrinth der Wörter*; *Die fetten Jahre sind vorbei; Im Juli*; Antoine Leiris: *Meinen Hass bekommt ihr nicht; Aus dem Nichts*; Siegfried Lenz: *Schweigeminute*; Heinrich Böll: *Erzählungen*; Franz Kafka: *Die Verwandlung*; Siegfried Lenz: *Deutschstunde*; Gudrun Pausewang: *Die Wolke*; Theodor Storm: *Erzählungen* und *Honig im Kopf*.

Eigene Romane von Marion Döbert sind:
Papierkind; Rosa Meer; Ein Sommer in Tanum; Zum Nachtisch: Leben!; Du wolltest doch ...; Wildes Lesen; Raues Brot; Sie nannten mich Unkraut; Mondflut; Einmal Schnitzel mit Buch (Kurzgeschichten); *Herz ohne Grenzen* (Reihe Starke Frauen: Florence Nightingale); *Ich singe um mein Leben* (Reihe Starke Frauen: Edith Piaf)